Das Kreuzstich-Buch zur Weihnachtszeit

Sticken ist ein schönes Hobby. Es entspannt und gibt kreative Impulse.
Gute Anleitungsbücher gehören dazu.

Seit mehr als 30 Jahren steht Christophorus für praxisbezogene Literatur zur Freizeitgestaltung. Genauso wie dieser Band ist jeder Titel aus dem Christophorus-Verlag mit viel Sorgfalt erarbeitet. Das erklärt, warum unsere Bücher jährlich so vielen zufriedenen Leserinnen und Lesern Freude bringen.

Siegrun Boß-Kulbe

Das Kreuzstich-
Die schönsten Muster und Motive
Buch zur
Weihnachtszeit

Inhalt

7 Vorwort

8 Stickanleitung

10 Kreuzstich-Zählstoffe von Zweigart

12 Weihnachtsdeckchen

14 Ranken, Borten und Teddys

18 Sternsinger

20 Tannenbaumschmuck

24 Weihnachtliche Bilder

26 Gans, Pferd und Bär

28 Fachwerkhaus mit Päckchen

32 Adventsherzen

34 Schneemänner und Engel

38 Putten

40 Mond und Kranz

44 Winterlandschaft

46 Weihnachtsbänder

50 Elche

52 Geheimnisvoller Orient

54 Norweger Sterne

56 Handtuchborten

Vorwort

Der Winter ist die Jahreszeit, in der man gern daheim ist, um die Advents- und Weihnachtszeit in gemütlicher Atmosphäre zu genießen. Dann ist Muße für schöne Handarbeiten, zu denen ganz besonders auch die Kreuzstich-Stickerei gehört.

Dieser Band enthält stimmungsvolle Motive zur Winterzeit und für die festlichen Tage im Dezember und gibt vielfältige Anregungen für die Stickarbeit. So können Sie Ihr Zuhause verschönern und weihnachtlich einstimmen oder auch kleine und große immer willkommene Geschenke für liebe Menschen herstellen. Hier finden Sie Muster und Motive, die in Verbindung mit dem jeweiligen Gestaltungsbeispiel das Sticken sowie die Ausarbeitung, durch detaillierte Angaben, so leicht wie nur möglich machen. Es werden Anleitungen für schöne kleine Modelle, die an einem Abend fertiggestellt werden können, gegeben; aber auch die Stickprofis kommen auf ihre Kosten.

Alle abgebildeten Handarbeitsstoffe sind in ihrer Beschaffenheit genau beschrieben. Das erleichtert die Auswahl, wenn Sie Motive und Anwendungsbeispiele ganz nach Ihrem persönlichen Verwendungszweck kombinieren möchten. Stickanleitung und Hinweise zur Pflege garantieren, daß Ihre Stickerei sicher gelingt und Sie daran lange Freude haben.

Stickanleitung

Sticken Sie immer zuerst die Kreuzstichmotive. Danach werden die Formen, wie angegeben, mit Rückstich umrandet. Sie werden dadurch plastisch hervorgehoben und farblich vom Grundstoff abgesetzt.

Deshalb kommen auch Stickgarnfarben, die nur etwas heller oder dunkler als der Grundstoff sind, deutlich zur Geltung, und Sie können die Stickmotive problemlos auch auf andere Stoffarben umsetzen.

Kreuzstich

Der Kreuzstich gehört zu den flächenfüllenden Stichen. Zuerst die Grundstiche sticken und darüber die Deckstiche. Sie müssen alle in gleicher Richtung liegen. Ein Kästchen der Zählvorlage ist immer ein Kreuzstich.

Holbeinstich

Der Holbeinstich ist ein Konturstich. Zuerst jeden zweiten Stich sticken und bei der Rückreihe die Lücken füllen. Er eignet sich besonders für Bänder, da er auf der Rückseite gleich aussieht.

Rückstich

Der Rückstich wird ebenfalls zum Nachsticken von Linien und Konturen eingesetzt. Er wird von rechts nach links gearbeitet und geht auf der Rückseite über zwei Stiche.

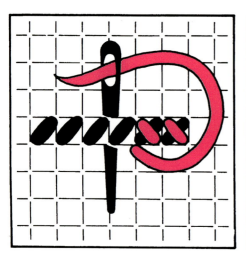
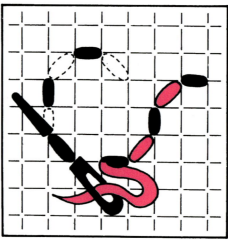
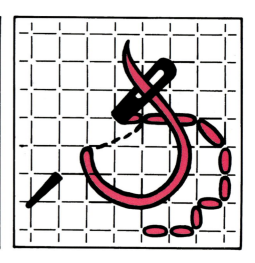

Säume

Doppelter Saum mit Briefecke

Zuerst für die Hohlsaumlinie an allen vier Seiten jeweils nur von Ecke zu Ecke einen Faden herausziehen. Achtung: Im Saumbereich den Faden nicht herausziehen! Den überstehenden Stoff nach 3 x Saumbreite abschneiden. Skizze a: Saumbreite 1, Umschlag 2, Einschlag 3 markieren. Skizze b: Einschlag und Ecke falten, schraffierte Ecke abschneiden. Skizze c: Saumumschlag legen und heften. Die schräge Briefecke mit kleinen Saumstichen schließen und den Saum im Hohlsaumstich arbeiten.

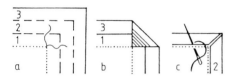

Hohlsaum

Den Hohlsaumstich von der linken Gewebeseite arbeiten. Mit der Nadel abwechselnd je zwei Fäden entlang der ausgezogenen Linie fassen und dann zwei Gewebefäden senkrecht in den umgeschlagenen Saum stecken.

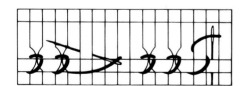

Tütenecken

Die Schnittkante zuerst versäubern, dann das Band rechts auf rechts der Länge nach zur Hälfte falten. Laut Skizze eine gerade Naht steppen und dabei die Nahtenden sichern. die Nahtzugabe beträgt ca. 8 mm. Die Nahtzugabe auseinanderstreichen und an der Spitze eine kleine Tüte legen, nicht abschneiden. Nun die Ecke wenden, dabei die Nahtzugabe mit den Fingerspitzen festhalten. Die Spitze mit der Sticknadel vorsichtig herausziehen.

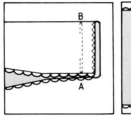 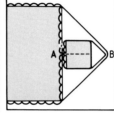

Stoffkauf

Denken Sie beim Stoffkauf daran, daß Sie immer Saumzugaben berücksichtigen, und geben Sie je nach Größe des Modells 5 bis 15 cm Stoff zur Sicherheit dazu.

Nadeln

Für gezählte Stickereien verwenden Sie immer eine stumpfe Sticknadel, also eine Nadel ohne Spitze.

Stickgarn

Alle Modelle sind mit Sticktwist von Coats Mez gearbeitet. Wie der 6-fädige Sticktwist je nach Stickgröße aufgeteilt wird, ist bei den Stickanleitungen vermerkt.

Sticken nach der Zählvorlage

Jedes Symbol steht für einen Kreuzstich. Bei größeren Motiven beginnen Sie mit dem Sticken am besten in der Mitte des Handarbeitsstoffes. Markieren Sie die Mitte mit einem Faden, und achten Sie darauf, daß der Abstand zwischen den Rändern und der Stickerei gleichmäßig ist.

Pflegehinweise

Wenn Sie die Stickerei nicht von Hand waschen möchten, was zweifellos das Schonendste ist, sollten Sie diese Handarbeit in ein Säckchen oder einen Kissenbezug stecken, um sie vor zu starker Beanspruchung zu schützen. Stickereien sollten weder geschleudert werden noch gehören sie in den Trockner, da durch das Ziehen und Herumwirbeln die Gewebestruktur gelockert wird.

Stickereien nur auf der Rückseite mit einem darübergelegten, feuchten Tuch bügeln.

Wasch- und Bügeltemperaturen richten sich immer nach dem schwächsten Glied. Wenn Sie z.B. Gold- und Silbergarne versticken, dürfen Sie mit maximal 30°C waschen und bei geringer Temperatur bügeln. Achten Sie also auch auf die Pflegevorschriften des Stickgarnherstellers.

Um die Farben unverändert zu erhalten, immer Waschmittel ohne optischen Aufheller verwenden.

Kreuzstich-Zählstoffe von Zweigart

Kreuzstich-Zählstoffe

Das wesentliche Merkmal eines Handarbeitszählstoffes ist seine quadratische Gewebestruktur, Längs- und Querfadensystem haben die gleiche Anzahl Fäden auf 10 cm. Mustersätze und Einzelmotive entsprechen exakt der Zählvorlage.

SCHÜLERTUCH LINDA 1235

ca. 107 Gewebefäden = 10 cm
Gewebebreite: 85 cm
Material: 100% Baumwolle
Ausrüstung: pflegeleicht
Waschen: 60°C
Bügeln: • • •

LINDA ist ein glatter Handarbeitsstoff aus hochwertigem, gezwirntem Baumwollstoff. Die allgemein geläufige Bezeichnung Schülertuch erinnert daran, daß dies schon immer ein beliebtes Gewebe zum Erlernen von Sticktechniken war. Die schmale Breite von 85 cm ist ideal für Mitteldecken und kleine Stickereien.

ARIOSA 3711

ca. 75 Gewebefäden = 10 cm
Gewebebreiten: 140, 180 cm
Material: 60% Viskose
   40% Baumwolle
Ausrüstung: pflegeleicht
Waschen: 60°C
Bügeln: • • •

Das besondere Merkmal von ARIOSA ist seine ausdrucksvolle Flammenstruktur. Sie entsteht, indem matte Baumwollflamme mit glänzender Viskose zusammengesetzt wird. Das Gewebe bleibt aber trotz des Flammenzwirns gut auszählbar. ARIOSA eignet sich besonders dann, wenn Sie nicht üppig bestickte Modelle arbeiten und die Gewebestruktur mitwirken lassen.

LUGANA 3835

ca. 100 Gewebefäden = 10 cm
Gewebebreiten: 140, 170 cm
Material: 52% Baumwolle
   48% Viskose
Ausrüstung: pflegeleicht
Waschen: 60°C
Bügeln: • • •

LUGANA ist ein ebenmäßiger, eleganter Handarbeitsstoff in Leinwandbindung. Seine regelmäßige Struktur bekommt er durch den glatten Dreifachzwirn. Er ist feinfädig, so daß sich kleine Kreuzstiche ergeben.

DUBLIN 3604

ca. 100 Gewebefäden = 10 cm
Gewebebreiten: 140, 170 cm
Material: 100% Reinleinen
Waschen: 95°C
Bügeln: • • •

DUBLIN ist das klassische Siebleinen. Das offene Gewebe aus glattem, edlem Flachsgarn in feiner Ausspinnung wirkt zart und durchscheinend. Wegen der Transparenz des Gewebes müssen Sie besonders auf die Rückseite der Stickerei achten. Den Stickfaden nie von Farbfläche zu Farbfläche spannen, sondern immer in der Stickerei entlangführen oder in ähnlichen Farben vernähen, da das Stickgarn sonst auf der rechten Seite sichtbar ist.

ANNABELLE 3240

ca. 112 Gewebefäden = 10 cm
Gewebebreiten: 140, 180 cm
Material: 100% Baumwolle
Ausrüstung: pflegeleicht
Waschen: 60°C
Bügeln: • • •

ANNABELLE ist ein feines, dichtes Strukturgarn aus reiner Baumwolle. Es wird durch schwache Flammen in großen Abständen belebt und bleibt dabei gleichmäßig und gut auszählbar. Seine Oberfläche hat Leinencharakter, gleichzeitig aber die Pflegeeigenschaften von reiner Baumwolle und ist daher leichter zu bügeln. Für Liebhaberinnen sehr feiner Kreuzsticharbeiten ist es ein ideales Grundgewebe.

REINLEINEN-Stickbänder

ca. 95 Fäden = 10 cm
Material: 100% Leinen
Waschen: 95°C weiß
          60°C farbig
          30°C natur

REINLEINEN-Stickbänder sind Handarbeitsgewebe mit festen Rändern. Es gibt sie in verschiedenen Breiten, in Weiß oder Natur-Leinen und mit farbigen Bogenkanten.
Wenn Sie die Bänder auf andere Gewebe aufnähen, müssen Sie den unterschiedlichen Einsprung bei der Wäsche berücksichtigen. Also am besten beide Teile vorher waschen.
7272: Breite ca. 8 cm, Stickbreite ca. 5,5 cm = 50 Fäden = 25 Stiche
7273: Breite ca. 12 cm, Stickbreite ca. 9 cm = 82 Fäden = 41 Stiche

AIDA-Kreuzstichbänder

ca. 60 Stiche = 10 cm
Material: 100% Baumwolle
Waschen: 60°C
Bügeln: • • •

AIDA-Kreuzstichbänder sind aus hochwertigem Baumwollzwirn hergestellt. Jeweils drei dünne Fäden sind durch die Webtechnik zu Gruppen zusammengefaßt und ergeben einen Stich. Kleine Löcher im Gewebe kennzeichnen deutlich die Ein- und Ausstichstellen.
7107: Bortenbreite ca. 5 cm = 26 Stiche
7320: Bortenbreite ca. 12 cm = 56 Stiche

BORDÜREN-Handtücher

Bordürenbreite:
ca. 5,5 cm = 23 Stiche
ca. 40 Stiche = 10 cm Länge
Material: 100% Baumwolle
Ausrüstung: pflegeleicht
Waschen: 60°C
Bügeln: • • •

Diese WAFFELPIKEE-Handtücher sind fertig gesäumt und haben Bordüren in AIDA-Bindung. Sie können dadurch direkt bestickt werden. In zwei Streifen sind die Gewebefäden zu klaren Stichquadraten gebündelt, über die jeweils ein Kreuzstich gestickt wird. Farbig gemusterte Kanten fassen die Stickerei ein und verbreitern sie. Der Grund ist in saugfähiger, klassischer Waffelbindung gewebt.
5343 WAFFELPIKEE-Handtuch, ca. 50 x 80 cm

Weihnachtsdeckchen

Ein klassisches Weihnachtsmotiv in den traditionellen Weihnachtsfarben Rot und Grün. Unter dem Tannenbaum genauso passend wie zum vorweihnachtlichen Punsch.

Zählvorlagen auf Seite 16

Tannenbäume

Stoff: DUBLIN 3604 natur
Stoffgröße: ca. 66 x 66 cm
Motivgröße:
169 x 169 Stiche = ca. 51 x 51 cm
Deckenmaß: ca. 60 x 60 cm
Hohlsaum: 3 cm breit
Sticktwist: 3-fädig
1 Kästchen = 3 Gewebefäden

Die Decke von der Mitte aus einteilen und die Mittellinie mit Heftfäden markieren. Die Zählvorlage zeigt eine Seite und eine Ecke der Decke. Zum Sticken wird sie gedreht. Die gestrichelte Linie in der Zeichnung entspricht der Heftlinie. Nach dem Sticken arbeiten Sie in 27 cm Abstand von der Deckenmitte einen doppelten, 3 cm breiten Hohlsaum.

Roter nordischer Stern

Stoff: DUBLIN 3604 natur
Stoffgröße: ca. 52 x 52 cm
Motivgröße:
131 x 131 Stiche = ca. 40 x 40 cm
Deckenmaß: ca. 46 x 46 cm
Saum: 3 cm breit
Sticktwist: 3-fädig
1 Kästchen = 3 Gewebefäden

Die Decke von der Mitte aus einteilen und die Mittellinie mit Heftfäden markieren. Die Zählvorlage zeigt etwas mehr als ein Viertel der Decke. Zum Sticken wird sie gedreht. Die gestrichelte Linie in der Zeichnung entspricht der Heftlinie (Heftfaden).

Arbeiten Sie in 20 cm Abstand von der Deckenmitte einen doppelten, 3 cm breiten Saum (stößt links an den roten Stickereirand).

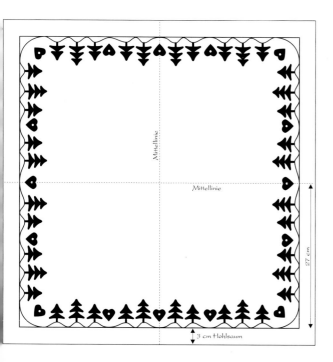

Ranken, Borten und Teddys

Ilexzweige mit roten Beeren – ein traditionelles englisches Motiv – sind ein Blickfang in der weihnachtlichen Backstube.
Teddys, hier als kleine, verspielte Nikoläuse. Wer freut sich da nicht, wenn solch ein hübscher Küchenschmuck aus dem Nikolausstiefel schaut?

Ilexranke

WAFFELPIKEE-Handtuch 5343 weiß-grün
AIDA-Borte: 23 Stiche
Größe: ca. 50 x 80 cm
Sticktwist: 3-fädig

Die Bortenmitte markieren und die Stickerei von der Mitte her einteilen. In der Zählvorlage ist diese gekennzeichnet.
Für das abgebildete Handtuch sticken Sie: 1 x Anfangsmotiv, 5 x Rapport, 1 x Endmotiv = 125 Stiche = ca. 30 cm. Sie können das Motiv natürlich genauso auf ein AIDA-Band sticken und dieses auf ein beliebiges Handtuch aufnähen.

Herztopflappen

Stoff: LUGANA 3835 tannengrün und rot
Stoffgröße: ca. 20 x 20 cm
Motivgröße:
53 x 50 Stiche = ca. 10 x 10 cm
Rückwandstoff: ca. 20 x 20 cm
Stoffzuschnitt: gemäß Schnittmuster, Vlies zum Füttern genauso zuschneiden
Paspel: ca. 75 cm, weiß
Sticktwist: 2-fädig
1 Kästchen = 2 Gewebefäden

Borte mit roten Beeren

WAFFELPIKEE-Handtuch 5343 weiß-grün
AIDA-Borte: 23 Stiche
Größe: ca. 50 x 80 cm
Sticktwist: 3-fädig

Die Bortenmitte markieren und die Stickerei von der Mitte her einteilen. In der Zählvorlage ist diese gekennzeichnet.
Für das abgebildete Handtuch sticken Sie:
7 x Rapport = 126 Stiche = ca. 30 cm. Ebenso kann hier das Motiv auch auf ein AIDA-Band gestickt und auf ein anderes Handtuch oder ein Set aufgenäht werden.

Annähen der Schlaufe

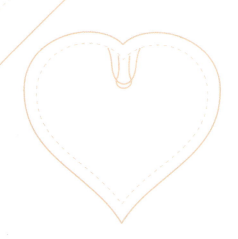

Zählvorlagen auf Seite 17

Zählvorlagen zu Seite 12 und 13

Roter nordischer Stern

● 13

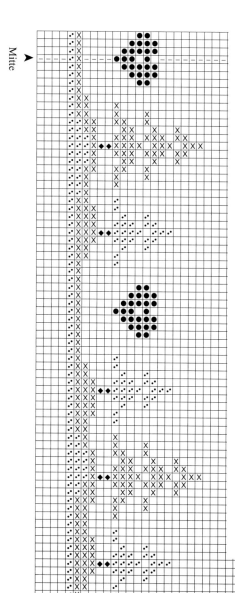

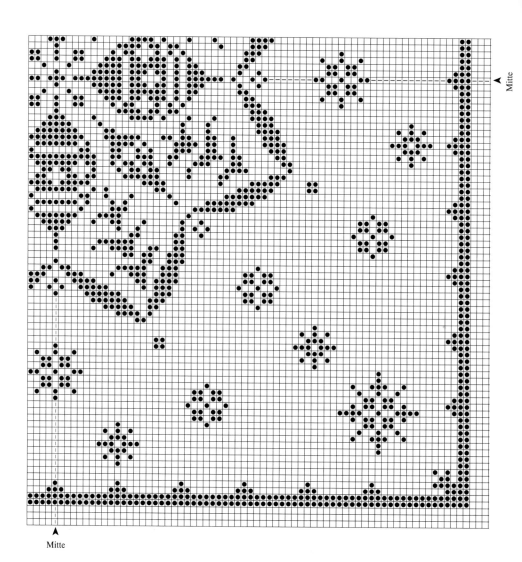

Tannenbäume

◆ 360
● 13
: 218
X 262

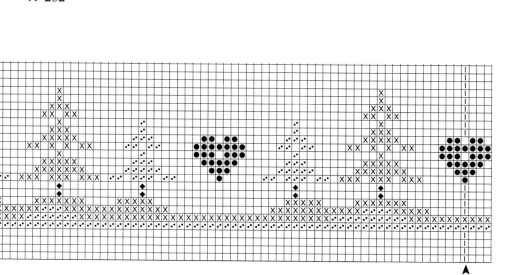

Zählvorlagen zu Seite 14 und 15

Herztopflappen

- ● 46
- V 217
- \+ 262
- ▼ 387
- · 1
- X 403
- O 368

Konturen: 403

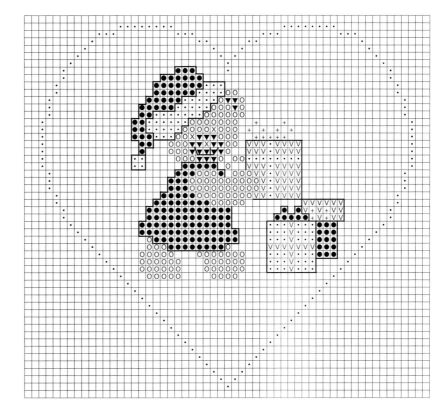

Ilex

- S 261
- ◆ 217
- V 13
- · 868

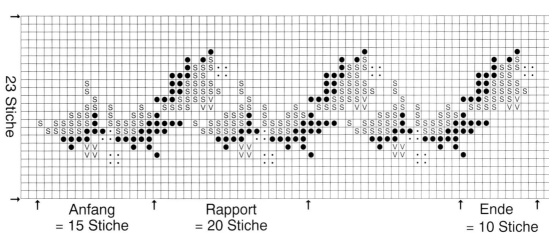

Rote Beeren

- S 215
- ● 217
- · 11

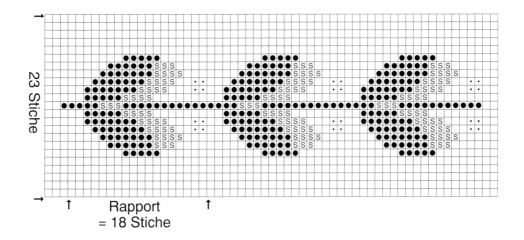

Sternsinger

Das ist eine Überraschung, über die man sich in jedem Fall freut, denn eine Rute steckt gewiß nicht zwischen Äpfeln, Nüssen und Zuckerwerk.

Nikolaussack

Stoff: ARIOSA 3711 creme
Stoffgröße:
ca. 52 x 37 cm karierter Baumwollstoff
Motivgröße:
58 x 68 Stiche = ca. 15 x 17 cm
Schleife: ca. 12 x 100 cm karierter Baumwollstoff
Sticktwist: 4-fädig
1 Kästchen = 2 Gewebefäden

Den Stoff nach der Schemazeichnung besticken. Die fertige Stickerei von der Rückseite her dämpfen. Den Nikolaussack rechts auf rechts an der Bruchkante falten, Boden- und Seitenkante steppen. Futter ebenso nähen. Säckchen wenden, Futter hineinstecken. Das an der Oberkante überstehende Futter ca. 5 cm nach außen umschlagen, 1 cm einschlagen und steppen.

Schleife aus dem gleichen Karostoff nähen und um den gefüllten Nikolaussack binden.

Zählvorlage auf Seite 31

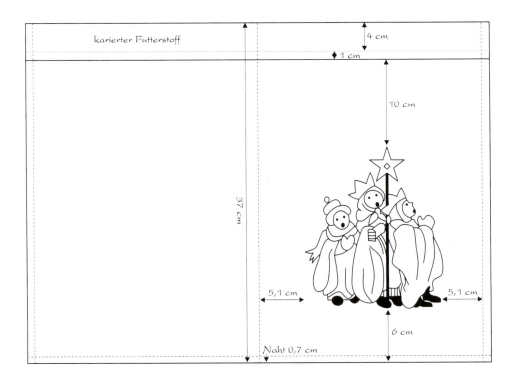

Tannenbaumschmuck

Wie wäre es, wenn in diesem Jahr Ihr Tannenbaum einmal ganz anders geschmückt wäre, vielleicht mit roten Herzen und Schleifen? Auch als Päckchenanhänger eignen sich die weihnachtsroten Herzen gut.

Herzen

Stoff: LUGANA 3835 rot
Stoffgröße: ca. 12 x 25 cm, ca. 10 x 20 cm (Apfelmotiv)
Stoffzuschnitt:
gemäß Schnittmuster
Füllung: Füllwatte
Sticktwist: 2-fädig
1 Kästchen = 2 Gewebefäden

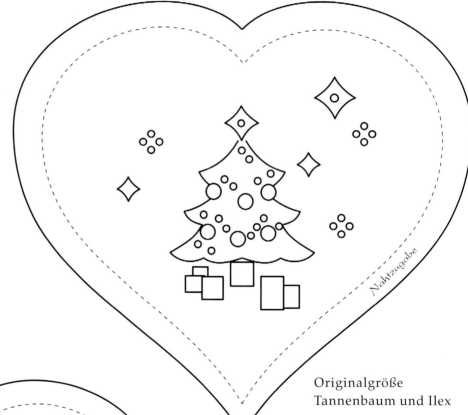

Originalgröße
Tannenbaum und Ilex

Originalgröße Apfel

Motive laut Schnittmuster auf dem Stoff plazieren. Jede Herzform gemäß Schnittmuster zweimal zuschneiden (bestickte Seite und Rückseite). Nach dem Zusammensteppen und Verstürzen mit Füllwatte ausstopfen.

Zählvorlagen auf Seite 22

Zählvorlagen zu Seite 20 und 21

Apfel

- O 403
- ▼ 380
- • 214
- X 216
- •• 306
- + 316
- ● 46

Konturen: 380

Tannenbaum

- # 11
- • 298
- •• 132
- O 290
- | 370
- X 46
- ● 217

Konturen: 403

Ilex

- • 11
- X 214
- ● 216

Konturen: 380

Zählvorlagen zu Seite 24

Junge mit Schlitten

- + 361
- V 888
- X 370
- ▼ 380
- ◆ 11
- ● 214
- ❱ 851
- | 858
- S 838
- O 306

Konturen: 380

Weihnachtsschlitten

▼ 403	S 13	A 11	X 977
V 888	• 214		868	● 851
O 361	+ 216	•• 903	Konturen: 403

Stickmustertuch

O 306	◇ 214
X 370	● 216
	858	❱ 851
• 1	•• 361
▼ 403	+ 368
# 380	S 896
V 888	◆ 11
A 13	

Konturen oberer Bär: 380
Mütze und Mantel: 403
Päckchen: 403
Konturen Junge: 403
Konturen unterer Bär: 380
Mütze und Jacke: 403
Konturen Mistelblüten: 403
Blätter: 216

Zählvorlage, Stickmustertuch rechts, zu Seite 24 und 25

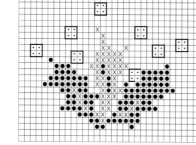
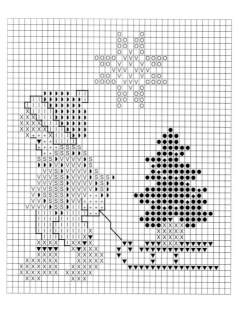

Weihnachtliche Bilder

Kleine Bilder zur Weihnachtszeit, kleine Geschenke oder Kartenmotive.

Stickmustertuch

Stoff: ANNABELLE 3240 creme
Motivgröße:
91 x 116 Stiche = ca. 16 x 20,5 cm

Junge mit Schlitten

Stoff: DUBLIN 3604 perlweiß
Motivgröße:
35 x 42 Stiche = ca. 7 x 8 cm

Weihnachtsschlitten

Stoff: DUBLIN 3604 perlweiß
Motivgröße:
41 x 31 Stiche = ca. 8 x 6 cm

Für alle Modelle:
Sticktwist: 2-fädig
1 Kästchen = 2 Gewebefäden

Das Rahmen von Bildern

Vor dem Rahmen die Stickerei auf der Rückseite dämpfen. So treten die Motive plastischer hervor, und kleine Unregelmäßigkeiten können noch ausgeglichen werden. Das Gewebe in den Maßen der Rahmenrückwand plus 3 cm Stoffzugabe an jeder Seite zuschneiden. Zuerst den Vliesstoff, dann den Karton auf die Rückseite der Stickerei legen (Skizze 1). Die überstehenden Stoffecken bis zum Karton einschneiden (Skizze 2). Den überstehenden Stoff über den Karton klappen und mit Doppelklebeband befestigen (Skizze 3). Darauf achten, daß das Gewebe fadengerade befestigt wird.

Den Passepartoutkarton können Sie selbst aus farbigem Karton schneiden. Das Stickereiformat auf den Karton übertragen. Um dieses Rechteck oben, rechts und links eine zweite Linie in gleichem Abstand zeichnen. Am unteren Bildrand aus optischen Gründen das Passepartout etwas breiter lassen. Dieses zweite Rechteck mit einem scharfen Messer ausschneiden. Das Außenmaß des Passepartouts entspricht dem Rückwandmaß.

Das Passepartout und die montierte Stickerei in den Rahmen legen. Mit der Rückwandplatte alles bedecken. Die Montageklammern so befestigen, daß die Aufhängung oben ist.

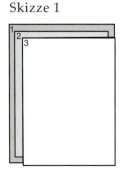 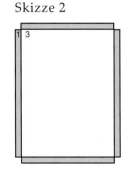 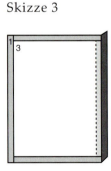

Skizze 1 Skizze 2 Skizze 3

1 = zugeschnittener Stoff
2 = Vlies
3 = Pappe

1 = Stoff ohne Ecken
3 = Pappe

1 = umgeklappter Stoff
3 = Pappe
▮ = Doppelklebeband

Gans, Pferd und Bär

Als Karte, Dose oder Päckchenband: Diese kleinen Motive aus dem weihnachtlichen Setzkasten lassen sich für vieles verwenden. Auch als kleines, hübsch gerahmtes Bild im Flur zaubern sie ebenso wie als Anhänger am Weihnachtsbaum Stimmung in Ihr Heim.

Spanschachtel Gans

Stoff: LINDA 1235 schwarz
Stoffgröße: ca. 17 x 20 cm
Motivgröße:
28 x 21 Stiche = ca. 5 x 4 cm
Spanschachtel:
ca. 11 x 13 cm, Herzform
Band: 1 und 2 cm breit, ca. 45 und 60 cm lang

Für alle gilt:
Sticktwist: Kreuzstich 2-fädig, Konturen 1-fädig
1 Kästchen = 2 Gewebefäden

Das Motiv in die Mitte des Stoffes plazieren. Die Stickerei auf den Deckel der Spandose legen. Vlies, in Deckelgröße zugeschnitten, zwischen Stoff und Dosendeckel legen. Die Stickerei mit ca. 3 cm Stoffzugabe über den Deckelrand kleben, dabei mehrmals einschneiden. Mit Satinband oder Zierlitze den Kleberand überdecken. 1 cm breites Band so auf das erste Band kleben, daß man es zur Schleife binden kann.

Weihnachtskarte Pferd

Stoff: LINDA 1235 creme
Stoffgröße: je nach Passepartoutkarte
Motivgröße:
31 x 21 Stiche = 5 x 4 cm

Passepartoutkarten finden Sie in großer Auswahl im Fachhandel. Sie können sich auch Ihren Passepartout selbst herstellen.

Päckchenschleife Bär

AIDA-Kreuzstichband 7107 weiß-rot
Bandlänge: entsprechend der Päckchengröße
Motivgröße:
18 x 21 Stiche = ca. 4 x 4 cm

Die Bandenden zur Spitze nähen und von beiden Enden her besticken.

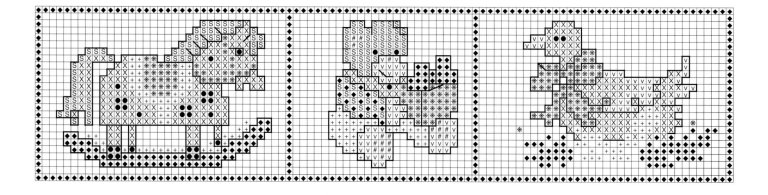

Fachwerkhaus mit Päckchen

Lauter bunte Päckchen warten hier mit 24 Überraschungen nicht nur auf kleine Naschkatzen.
Ein solches Adventshaus verkürzt die Zeit des Wartens auf das Christkind.

Adventskalender

Stoff: ARIOSA 3711 creme
Stoffgröße: je nach Rahmengröße
Motivgröße:
129 x 129 Stiche = ca. 34 x 34 cm
Zubehör: 12 goldene Ringe (Gardinenabteilung), 24 Päckchen
Sticktwist: 4-fädig
1 Kästchen = Gewebefäden

Die Anleitung für das Rahmen von Bildern finden Sie auf Seite 24. Die Ringe werden gemäß der Abbildung angenäht. Daran mit einem Faden jeweils zwei Päckchen befestigen.

Zählvorlage auf Seite 30

Zählvorlage zu Seite 28 und 29

Adventskalender

X 371
◆ 132
O 290

• 1
\# 403
V 976
● 217
✧ 860
A 304
S 368

•• 85
+ 896
▼ 46
▷ 112
| 131
∗ 11

Konturen: 403

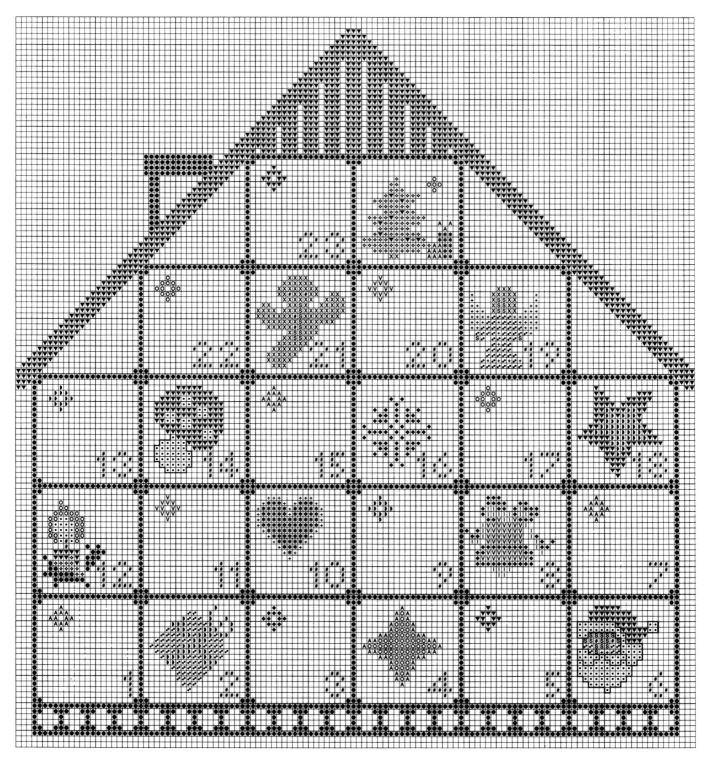

Zählvorlage zu Seite 18 und 19

Nikolaussack

V 298
▼ 901
● 977
○ 293

I 926
• 366
A 844
S 261

▶ 380
+ 310
X 340
Konturen: 380

31

Adventsherzen

Bestimmt finden Sie einen Platz auf dem Sideboard oder einem Tisch, wo dieser Adventskalender gut zur Geltung kommt und vorweihnachtliche Stimmung in Ihre Wohnung bringt.

Adventskalenderband

AIDA-Kreuzstichband 7320
weiß/rot-gold
Motivgröße: 79 x 42 Stiche =
1 x Rapport = 15 x 7 cm
Sticktwist: 3-fädig

Die Bandenden zur Spitze nähen. Die Anleitung für Tütenecken finden Sie auf Seite 9. Die Motive von der Mitte her einteilen. Die mittleren 22 Stiche bleiben frei. Als Adventskalenderband, der Tischlänge entsprechend, 2- oder 3mal das Herzmotiv von der Mitte aus in Richtung Bandenden sticken.
24 Päckchen frei verteilt ans Band nähen.
Als Kranzschleife die Motive von den Bandenden her einteilen und das unbestickte Mittelteil zur Schleife binden.

● 13 oder 926

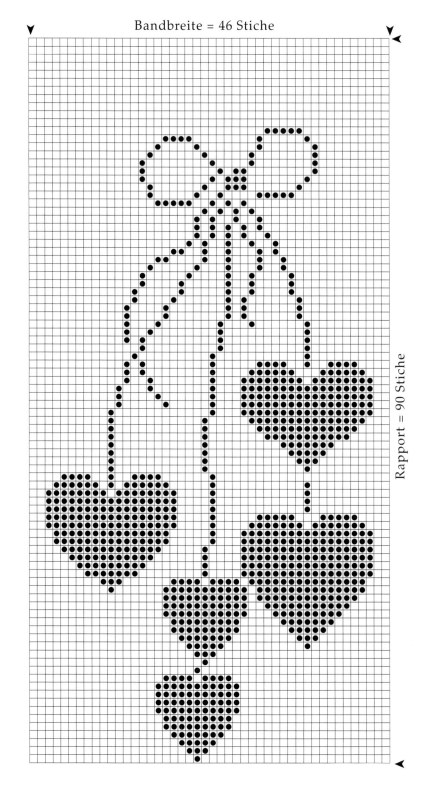

Schneemänner und Engel

Wer hätte nicht Lust, die niedlichen Schneemänner und die kleinen Sternenputzer zu sticken? Ob als Kartengruß, Geschenkschachtel oder Band, vielleicht sogar ums Weihnachtspäckchen. Wer freut sich da nicht?

Karten Schneemann

Stoff: LUGANA 3835 aquamarin
DUBLIN 3604 natur-meliert
Stoffzuschnitt:
je nach Kartengröße
Motivgröße:
29 x 27 Stiche = ca. 6 x 6 cm

Karte Engel

Stoff: LUGANA 3835 rosa
Stoffzuschnitt:
je nach Kartengröße
Motivgröße:
30 x 31 Stiche = ca. 6 x 6 cm

Passepartoutkarten mit unterschiedlichen Bildausschnitten sind in großer Auswahl im Fachhandel erhältlich.

Spanschachtel Engel

Stoff: DUBLIN 3604 natur-meliert
Stoffzuschnitt: ca. 15 x 15 cm
Motivgröße:
30 x 31 Stiche = ca. 6 x 6 cm
Spanschachtel: 12 cm
Satinband:
2 cm breit, 40 cm lang, hellrosa
1 cm breit, 75 cm lang, pink
Füllvlies: 12 cm

Das Motiv in die Mitte des Stoffes plazieren.
Die Stickerei auf den Deckel der Spandose legen. Vlies, in Deckelgröße zugeschnitten, zwischen Stoff und Dosendeckel legen. Die Stickerei mit ca. 2 cm Stoffzugabe über den Deckelrand kleben und mit Satinband oder Zierlitze 2 cm breit den Kleberand überdecken. 1 cm breites Satinband so auf das erste Band kleben, daß man es zur Schleife binden kann.

Borte Schneemänner

REINLEINEN-Stickband 7273 natur
Motivgröße:
107 x 30 Stiche = ca. 40 x 6 cm

Die Motive werden von der Bandmitte her eingeteilt und nach dem Sticken z.B. auf Gästehandtücher genäht.

Für alle gilt:
Sticktwist: 2-fädig
1 Kästchen = 2 Gewebefäden

Zählvorlagen auf Seite 36

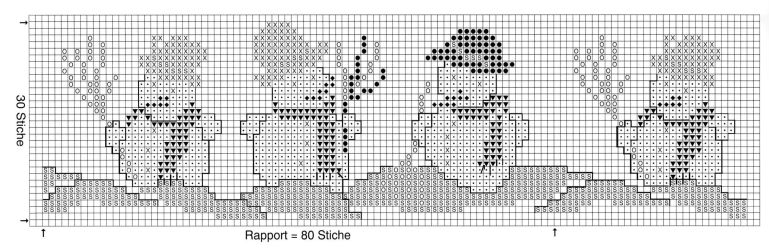

Zählvorlagen zu Seite 34 und 35

Engel

- ● 369
- S 892
- + 360
- I 894
- ▲ 970
- · 387
- O 293

Konturen: 360

Schneemänner

- ◆ 336
- O 375
- ▼ 979
- X 403
- ● 400
- S 398
- · 1

Konturen: 403
Schalfransen: 979

Schneemann

- O 375
- ▼ 979
- ◆ 336
- ● 400
- X 403
- S 398
- · 1

Konturen: 400
Schalfransen: 979

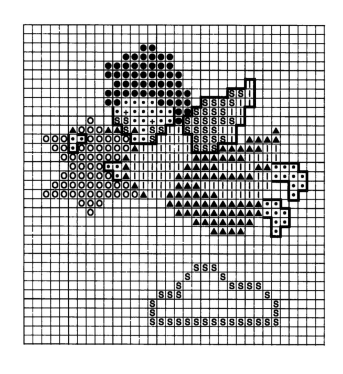

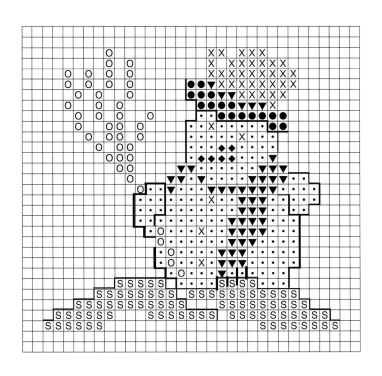

Zählvorlage zu Seite 38 und 39

Weihnachtsdecke

Goldgarn

Putten

Nicht nur als Festtagsschmuck für den Gabentisch oder unter dem Weihnachtsbaum ist diese Decke geeignet. Solche Putten, in Gold gestickt, wirken immer prächtig, zum Beispiel auch auf einer weißen Leinendecke.

Weihnachtsdecke

Stoff:
ARIOSA 3711 weihnachtsgrün
Stoffzuschnitt: ca. 90 x 90 cm
Motivgröße:
165 x 165 Stiche = ca. 43 x 43 cm
Deckenmaß: ca. 60 x 60 cm
Saum:
3 cm breiter, doppelter Saum
Goldgarn
1 Kästchen = 2 Gewebefäden

Die Decke von der Mitte aus einteilen und die Mittellinie mit Heftfaden markieren. Die Zählvorlage zeigt etwas mehr als ein Viertel der Decke. Zum Sticken wird sie gedreht. Die gestrichelte Linie in der Zeichnung entspricht Ihrer Mittellinie.

Nach dem Sticken in 16 cm Abstand zur Stickerei einen doppelten, 3 cm breiten Saum arbeiten. Die Anleitung für die Säume finden Sie auf Seite 9.

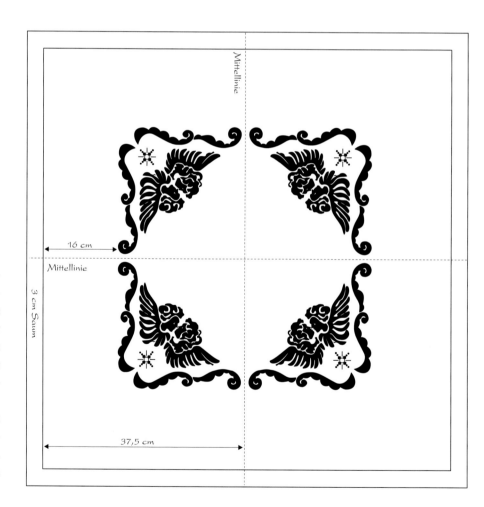

Zählvorlage auf Seite 37

Mond und Kranz

Schon duftet es im ganzen Haus nach Lebkuchen, Stollen und Früchtebrot. Mit diesen Topflappen macht die Arbeit in der vorweihnachtlichen Backstube noch viel mehr Spaß!

Topflappen

Stoff: LUGANA 3835 naturweiß
Stoffgröße: ca. 20 x 20 cm
Stoffzuschnitt:
gemäß Schemazeichnung
Motivgröße:
46 x 46 Stiche = ca. 9 x 9 cm
Rückwandstoff: ca. 30 x 30 cm, rot-natur karierter Baumwollstoff
Vlies: gemäß Schemazeichnung
Sticktwist:
Kreuzstich 2-fädig, Kontur 1-fädig
1 Kästchen = 2 Gewebefäden

Das Motiv in die Mitte des Stoffes plazieren. Auf die linke Seite des Rückwandstoffes das zugeschnittene Vlies und den bestickten Stoff legen (rechte Seite oben). Alle drei Lagen zusammenheften. Mit den Rändern des überstehenden Karostoffes auf der rechten Seite einen ca. 2,5 cm breiten Saum nähen. Den Aufhänger an die rechte obere Ecke nähen.

Zählvorlagen auf Seite 42

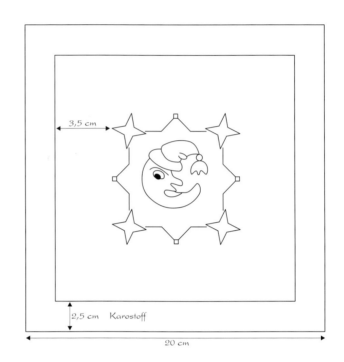

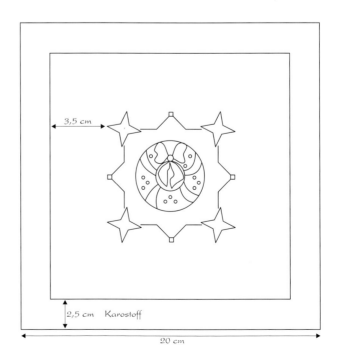

Zählvorlagen zu Seite 40 und 41

Topflappen Mond

- ● 46
- ▼ 363
- • 2
- + 306
- S 878
- I 403
- Konturen: 403

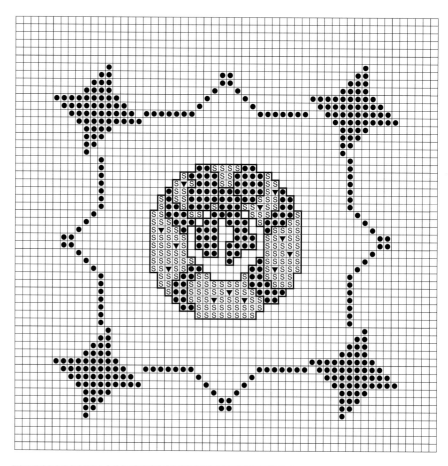

Topflappen Kranz

- S 878
- ▼ 363
- ● 46
- Konturen: 403

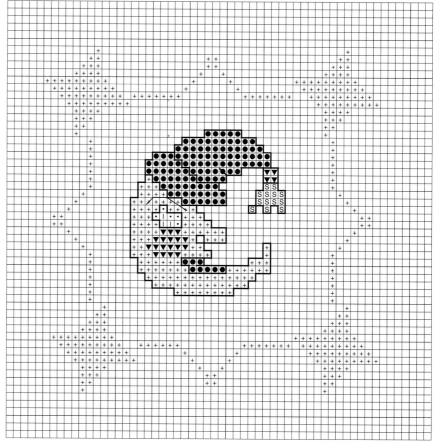

Zählvorlagen zu
Seite 44 und 45

rechts:

Verschneites Dorf

- ● 877
- V 129
- ▼ 298
- S 381
- X 398
- I 309
- • 367
- ○ 2
- Konturen: 403

links:

Schlittenfahrer

- ● 877
- V 977
- ▼ 403
- S 46
- X 367
- I 907
- •• 310
- • 302
- ○ 2
- Konturen: 403

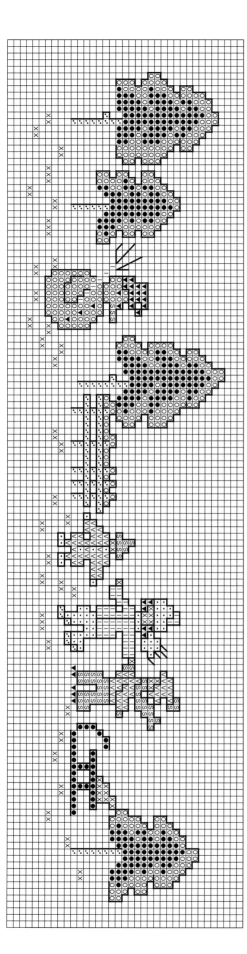
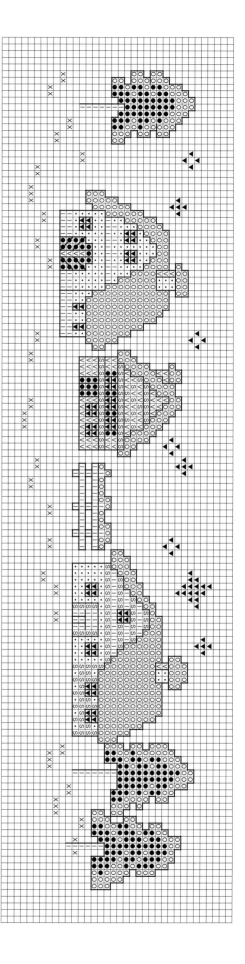

Winterlandschaft

Über diese winterlichen Sets freuen sich nicht nur Kinder. In jeder gemütlichen Wohnküche setzt man sich noch einmal so gern an diesen Frühstückstisch.

Set Verschneites Dorf

Stoff: ARIOSA 3711 hellblau
Stoffgröße: ca. 46 x 33 cm
Motivgröße:
123 x 30 Stiche = ca. 32 x 8 cm
Paspel: ca. 170 cm, graublau

Für beide gilt:
Sticktwist: Kreuzstich 3-fädig, Konturen 1-fädig
1 Kästchen = 2 Gewebefäden

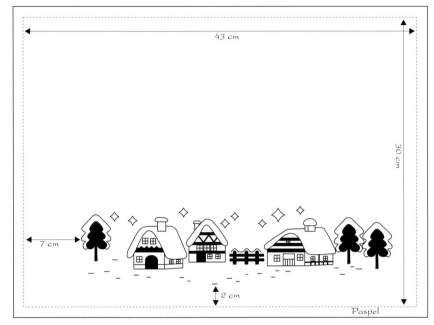

"Verschneites Dorf"

Die Zählvorlage zeigt das Motiv. Die genaue Plazierung ist auf der Schemazeichnung angegeben. Lassen Sie rundherum ca. 1 cm für die Paspel frei.

Set Schlittenfahrer

Stoff: ARIOSA 3711 hellgrau
Stoffgröße: ca. 46 x 33 cm
Motivgröße:
126 x 31 Stiche = ca. 33 x 8 cm
Paspel: ca. 170 cm, mittelblau

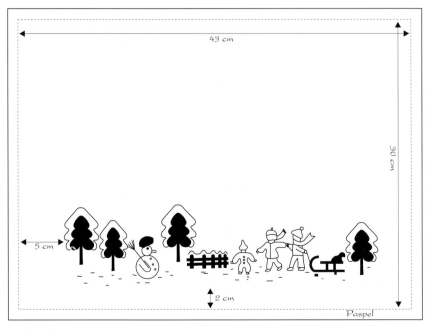

"Schlittenfahrer"

Zählvorlagen auf Seite 43

Weihnachtsbänder

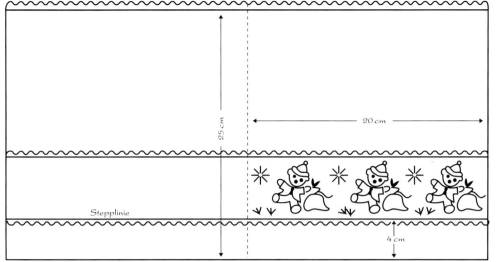

Für alle gilt:
Sticktwist: 2-fädig
1 Kästchen = 2 Fadengruppen bzw. Gewebefäden

Säckchen Apfelband

REINLEINEN-Stickband 7272 natur-gold
Bandzuschnitt: ca. 55 cm
Stoff: LUGANA 3835 tannengrün, ca. 55 x 40 cm
Spitze: 7276 rot, ca. 55 cm lang

Marmeladenglas-Deckchen

Stoff: LUGANA 3835 creme
Stoffgröße: ca. 20 cm
Motivgröße: 36 x 26 Stiche = ca. 7 x 5 cm
Paspel: ca. 65 cm, grün

Das Motiv in die Mitte des Deckchens plazieren.

Säckchen Nikolausbär

REINLEINEN-Stickband 7272 weiß-hellgrün
Bandzuschnitt: ca. 45 cm
Stoff: LUGANA 3835 tannengrün, ca. 50 x 40 cm
Spitze: 7276 weiß, ca. 45 cm lang

Gemäß der Schemazeichnung auf Seite 48 die Bänder auf den Stoff nähen.

Die obere Kante versäubern und die Spitze annähen. Dann Boden- und Seitenkanten steppen.

Für das Säckchen mit dem Apfelband den Rapport 2mal sticken = 120 Stiche.

Für das Säckchen mit dem Nikolausbär den Rapport 3mal sticken = 108 Stiche.

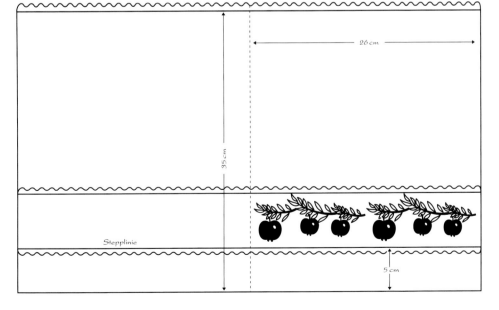

Zählvorlagen auf Seite 48

Zählvorlagen zu Seite 46 und 47

Nikolausbär

- · 1
- X 218
-    241
- ▼ 403
- V 363
- S 903
- ● 359
- + 738
- O 47

Konturen: 403
Linien beim Stern: 738

Apfelband

- ▼ 380
- · 215
- X 244
- O 403
- ·• 306
- + 316
- ● 46

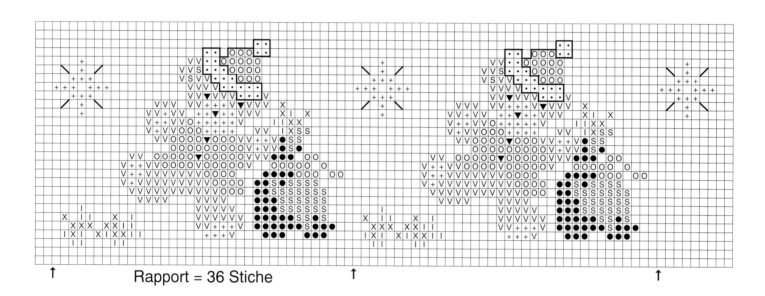

↑   Rapport = 36 Stiche   ↑   ↑

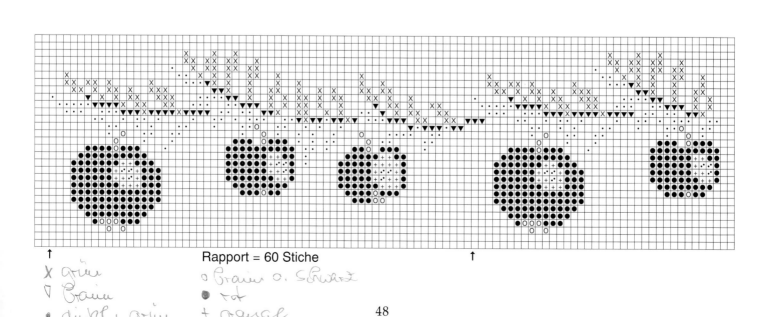

↑   Rapport = 60 Stiche   ↑

48

Kinderschürze

Schnittmuster zu Seite 50 und 51

Zum Vergrößern des Schnitts mit Karo hell unterlegen, 1 cm in der Zeichnung entspricht 3 cm im Original.

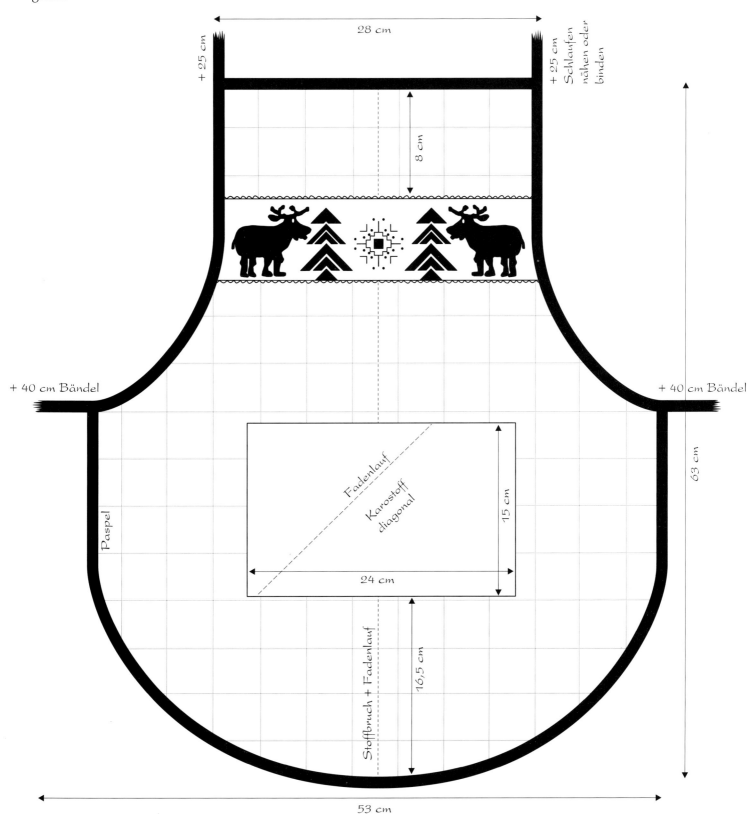

Elche

Diese kleine Schürze ist schnell genäht und bestickt, und für die kleinen Heinzelmännchen, die so gern bei der Weihnachtsbäckerei und auch sonst mithelfen, sicher der richtige Anreiz, fleißig mitzuwirken.

Kinderschürze

Stoffgröße: ca. 85 x 65 cm karierter Baumwollstoff, blau-beige
Paspel: ca. 340 cm dunkelblau

Die Kinderschürze laut Schnitt auf Seite 49 zuschneiden. Das gestickte Band auf die markierte Stelle heften. Mit Paspel die gesamte Schürze umnähen, dabei das Elchband mitfassen.

Für die Halsbändel jeweils 25 cm Paspel zur Halsschlaufe weiternähen, an den Seiten zum Binden jeweils ca. 40 cm Paspel weiternähen. Die Paspelenden knoten.

Band mit Elchen

REINLEINEN-Stickband 7272 natur
Bandlänge: ca. 30 cm
Motivgröße: 106 x 25 Stiche = 1 x Rapport = ca. 23 cm
Sticktwist: 2-fädig
1 Kästchen = 2 Gewebefäden

Das Motiv von der Mitte her einteilen. Das Band nach dem Sticken auf die Schürze nähen.

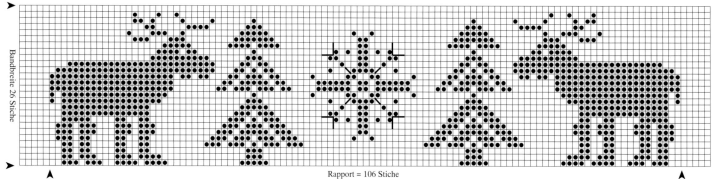

Geheimnisvoller Orient

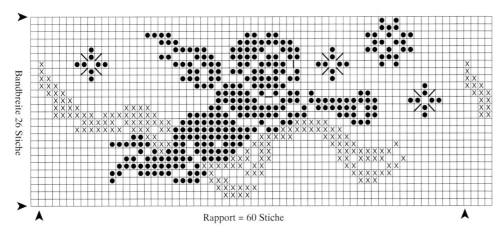

Posaunenengel

REINLEINEN-Stickband 7272 natur
Bandlänge: 240 x 25 Stiche = 4 x Rapport = ca. 54 cm

● 147   X 943

Orient

Für alle gilt:
Sticktwist: 2-fädig
1 Kästchen = 2 Gewebefäden

REINLEINEN-Stickband 7273 blau
Bandlänge: 221 x 29 Stiche = 5 x Rapport + 1 Stich = ca. 48 cm

• 943   X 926
● 147   S 13

Fayence

REINLEINEN-Stickband 7273 blau
Bandlänge: 100 x 38 Stiche = 9 x Rapport + 10 Stiche = ca. 41,5 cm

X 907
● 147

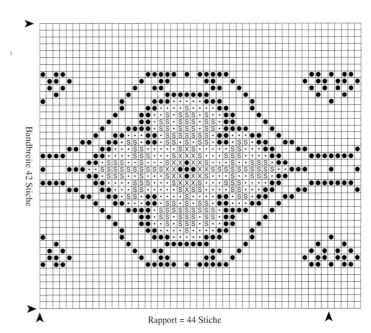

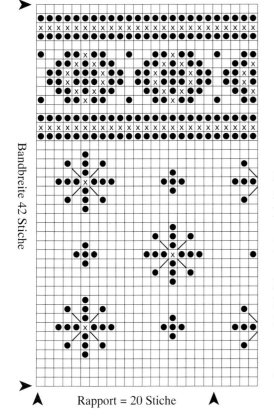

Die Motive von der Bandmitte her einteilen und nach dem Sticken z.B. auf Leinenhandtücher oder Kissen nähen.

Isfahan

REINLEINEN-Stickband 7272 gelb
Bandlänge: 241 x 21 Stiche = 12 x Rapport + 1 Stich = ca. 53 cm

I 227   • 926   ● 147
S 13   X 306

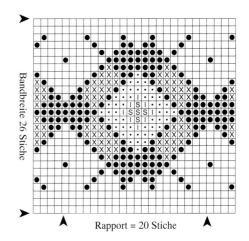

53

Norweger Sterne

Nicht nur im Winter wird Ihnen dieses nordische Zickzack-Band aus lauter Schneekristallen gefallen. Es ist zeitlos edel und sowohl gerafft als auch glatt hängend eine schmückende Stickerei für Ihren Raum.

Gardine

REINLEINEN-Stickband 7273 weiß
Bandlänge: 320 x 37 Stiche =
8 x Rapport = ca. 71 x 8,2 cm
Bandlänge mit Nahtzugabe:
ca. 76 cm
Stoff: DUBLIN 3604 weiß
Stoffgröße: 75 x 135 cm
Sticktwist: 2-fädig
1 Kästchen = 2 Gewebefäden

S 13
● 403
○ 400
· 398

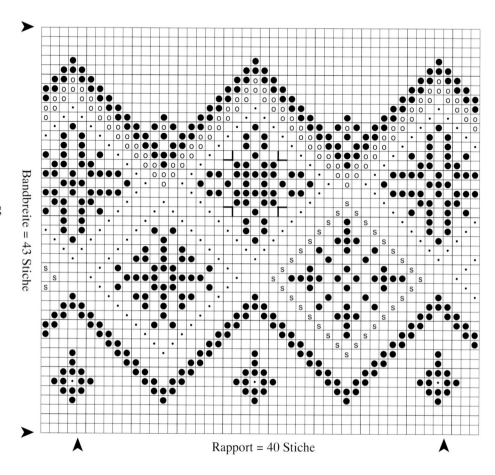

Für die angegebenen Maße ist der Rapport 8mal gestickt. Sie können die Maße jederzeit entsprechend Ihrer Fenstergröße variieren. Wesentlich ist nur, die Motive von der Bandmitte her einzuteilen.

Die Gardine an allen Seiten ca. 1 cm einschlagen und säumen. Dabei den unteren Saum so weit einschlagen, daß die Borte darübergesteppt werden kann. Beim Modell sind das ca. 13 cm. Die Gardine an der Mittellinie mit Heftfaden markieren. Beim Aufnähen der Borte fällt die Bortenmitte mit dieser Mittellinie zusammen.

Handtuchborten

Ilex und Blüten

REINLEINEN-Stickband 7272
natur-rosa
Bandlänge:
105 x 25 Stiche = 1 x Rapport + 30
Stiche = ca. 23 x 5,2 cm

● 877 • 926
X 295 ○ 336
S 261 ▼ 340
I 403 Konturen: 403

Von der Bandmitte her einteilen und nach dem Sticken auf konfektionierte Gästetücher nähen.

Für alle gilt:
Bandlänge mit Nahtzugabe:
ca. 35 cm
Handtuchmaß: ca. 31 x 52 cm
Sticktwist:
Kreuzstich 2-fädig, Kontur 1-fädig
1 Kästchen = 2 Gewebefäden

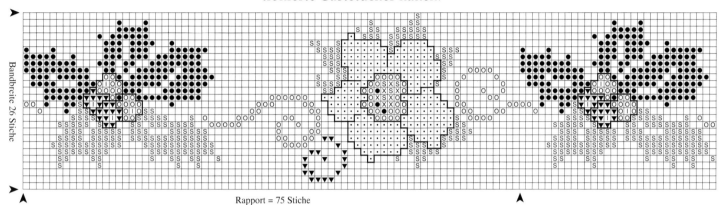

Rapport = 75 Stiche

Arabeske (unten)

REINLEINEN-Stickband 7272 weiß-rosa

Bandlänge:
119 x 21 Stiche = 1 x Rapport + 35 Stiche = ca. 28 x 4,5 cm

X 896 ● 877

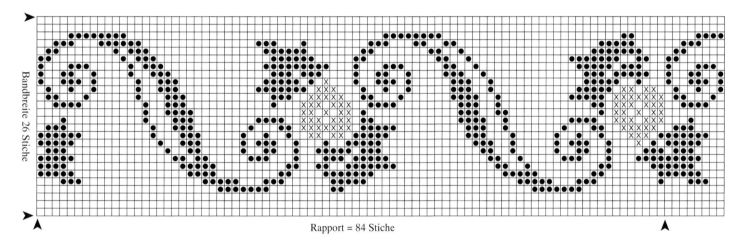

Rapport = 84 Stiche

Weihnachtssocken

REINLEINEN-Stickband 7272
weiß-rosa
Bandlänge: 97 x 20 Stiche = 2 x
Rapport + 7 Stiche = ca. 22 x 4,5 cm

● 877   • 926
X 896   Konturen: 403

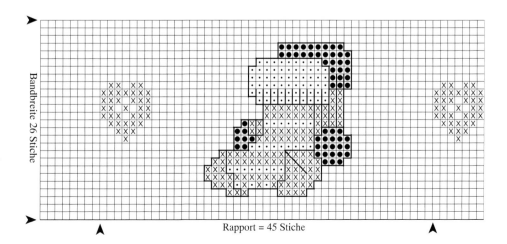

Rapport = 45 Stiche

© 1998 Christophorus-Verlag GmbH
Freiburg im Breisgau

Alle Rechte vorbehalten –
Printed in Belgium

ISBN 3-419-53238-5

Jede gewerbliche Nutzung der Arbeiten
und Entwürfe ist nur mit Genehmigung
der Urheberin und des Verlages gestattet.
Bei Anwendung im Unterricht und in
Kursen ist auf dieses Buch hinzuweisen.

Umschlaggestaltung und Layout:
Network!, München
Fotos: Peter Nielsen, Umkirch:
Seite 15, 21, 24, 25, 29, 35, 47
Roland Krieg, Waldkirch: Seite 13, 19,
27, 33, 39, 41, 45, 51, 53, 55, 57
Zählvorlagen:
Carsten Vogt, Emmendingen
Zeichnungen: Uwe Stohrer, Freiburg
Produktion: Print Production, Umkirch
Druck: Proost, Turnhout 1998